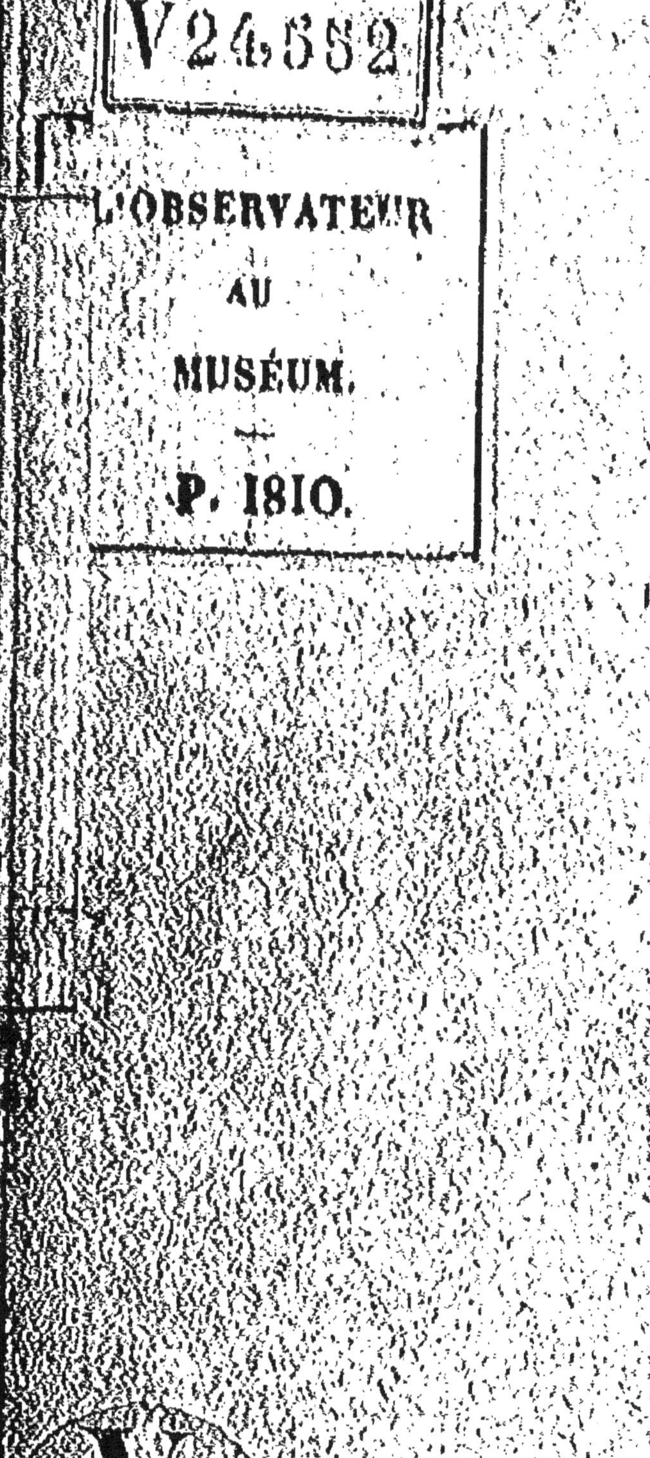

L'OBSERVATEUR
AU
MUSÉUM.

P. 1810.

L'OBSERVATEUR AU MUSEUM,

OU

Revue critique des ouvrages de Peinture, Sculpture et Gravure exposés au Musée Napoléon en l'an 1810.

Par A***, Éditeur.

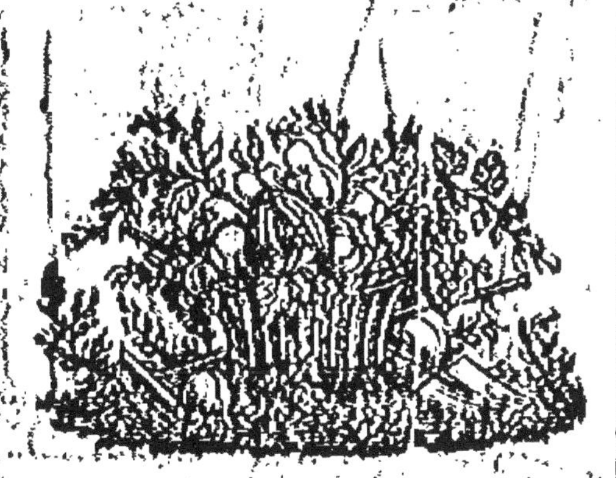

PARIS,

Chez AUBRY, Imprimeur-Libraire, au Palais de Justice, salle neuve des Marchands.

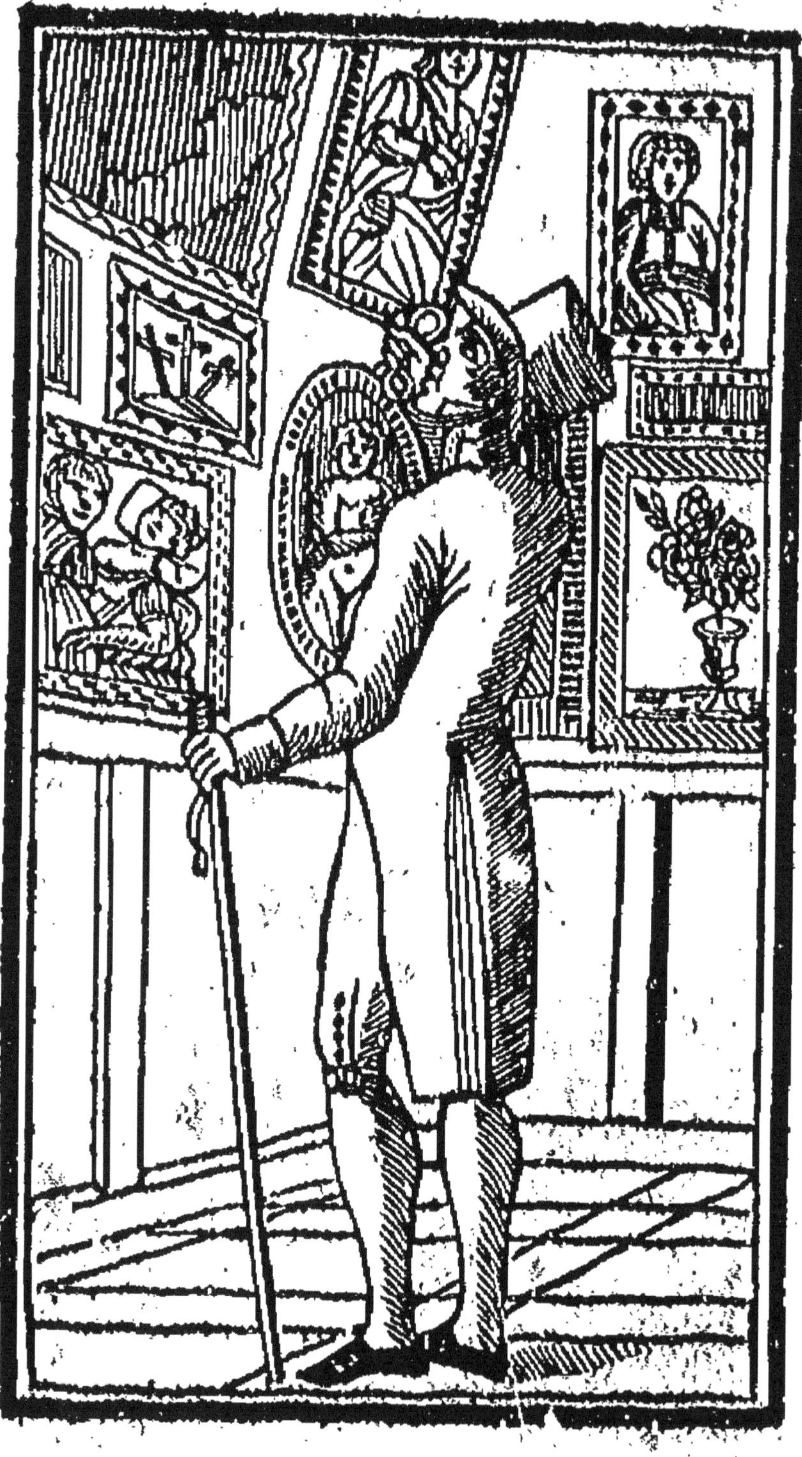

L'OBSERVATEUR AU MUSÉUM.

Il y a trente ans que l'exposition des ouvrages des peintres vivans, qui exposaient au Louvre, n'occupaient souvent que deux salons; aujourd'hui il y en a quatre : comment expliquer cette immense quantité de chefs-d'œuvre? Rien de si aisé à résoudre, et j'ose prédire qu'à la prochaine exposition, la grande galerie ne suffira peut-être pas pour les contenir tous. Du moment que les artistes de l'Ecole française ont vu, dans la personne du Grand Napoléon, un protecteur zélé des sciences et des arts, qui non seulement dans les combats qu'il a eu à soutenir contre les ennemis de la France, n'a cessé, volant de victoire en victoire, d'enrichir le Musé Napoléon de tout ce que l'Europe avait de plus précieux en peinture et en soulpture ; dès ce moment les jeunes peintres, inspirés par l'amour de la gloire, ont, par un travail opiniâtre, cherché à rivaliser les grands maîtres de toutes les écoles, en venant admirer tant de chefs-d'œuvre que nous devons au courage et à l'amour que le Héros porte au peuple français : aussi ce grand peuple lui rend au centuple cet amour qui unit le Prince à ses sujets ; et, pour le bonheur de la France, une Princesse qui réunit toutes les vertus et les graces, est venue embellir les beaux jours de gloire de notre monarque chéri. Voilà la cause de cette immense quantité de tableaux qui remplissent aujourd'hui les quatre salons.

Nous allons tâcher d'en donner un apperçu; et après avoir consulté l'opinion du public, nous parlerons des tableaux dans l'ordre qu'il paraît qu'il les a placés.

Sous le No. 188, M. David, premier peintre de S. M., était chargé de perpétuer aux générations futures le serment de l'armée française, qui fut fait à l'Empereur, après la distribution des aigles si redoutables à nos ennemis. C'est au Champ-de-Mars que cette imposante cérémonie a eu lieu. Il faut contempler ce tableau pendant quelque tems pour éprouver les sentimens qu'inspire le beau. La composition est grande et savante, la touche et le coloris sont d'accord, les poses hardies. Les costumes sont vrais et bien dessinés; plusieurs têtes sont ressemblantes, et peuvent être regardées comme portraits de famille : enfin, ce tableau ne peut manquer d'être un bon tableau, puisqu'il est de David.

No. 347. Oui M. Gérard, vous avez très-bien choisi votre sujet pour nous tracer la bataille d'Austerlitz. On reconnaît parfaitement le général Rapp, qui vient annoncer à S. M. la déroute de la garde impériale russe ; plus on la regarde, plus on la voit courir : comme l'Empereur paraît satisfait. Mais si les officiers-généraux partagent son noble contentement, en récompense, plusieurs prisonniers qu'on lui a amenés font une triste figure. L'ensemble de ce tableau est d'un très-bel effet ; le dessin est correct, le coloris brillant. On remarque surtout beaucoup de ressemblance dans les principaux personnages.

339. Courage, M. Gautherot, il paraît que depuis la dernière exposition vous n'avez pas négligé de profiter des leçons de votre maître, continuez, et vous deviendrez bientôt son rival. Il faut l'avouer, vous vous êtes bien pénétré de votre su-

jet; votre pinceau, en traçant sur la toile le moment où la balle atteint le pied de S. M., a été conduit par une touche hardie. Dans la pose on sent que l'Empereur est impatient de s'élancer sur son cheval pour reparaître à la tête de ses braves : il craint que son absence diminue leur ardeur, et malgré la douleur qu'il ressent, son corps portant entièrement sur son pied blessé, il vole sur son cheval, et ne veut même pas attendre que sa botte soit remise. Ce tableau est beau et d'un dessin correct, il fera époque dans plusieurs siècles.

397. Une nouvelle production, sortie du pinceau de M. Guérin, ne peut que flatter les amateurs.

L'Aurore, escorté de l'Amour et du Zéphir, soulève le voile étoilé de la nuit, et répand des fleurs sur la terre. La conception du tableau est grande et flatte la vue ; Céphale est parfaitement dessiné, son à-plomb est vrai, et son coloris est brillant. On ne cesse pas aisément de regarder ce joli tableau.

828. M. Vernet a saisi le moment où S. M. sort de sa tente, pendant le bombardement de Madrid, pour annoncer aux députés qui lui avaient été envoyés, que si dans une heure le peuple ne se soumettait pas, ainsi que la ville, ils seraient tous passés au fil de l'épée. Tous les personnages qui figurent dans ce tableau sont dans des costumes qui tiennent

aux différens rangs et grades : tous les yeux sont fixés sur l'Empereur. Le dessin paraît correct, et le coloris agréable.

389. Après l'ordre de S. M. donné aux députés, de se soumettre sous une heure, il était bien juste que la ville de Madrid lui ouvre ses portes : aussi M. Gros a saisi le moment où les députés de cette ville se présentent au quartier-général de l'Empereur, qui sort de sa tente, accompagné de ses principaux officiers. Deux sentinelles présentent les armes; les députés tombent aux pieds de S. M., et le supplient d'ordonner la cessation du feu. Il faut avouer que ce peintre a un talent particulier pour varier les différens per-

sonnages qu'il a à représenter ; son imagination saisit aisément le trait caractéristique de chaque espèce de caste qu'il veut représenter.

Malgré la grande quantité de personnages qui composent ce tableau, il n'y a point de confusion, tout est à sa place et dans des attitudes toutes différentes ; quoique tous les costumes soient différens les uns des autres, et de couleurs ingrates, M. Gros a su donner au noir une variété de teinte qui sépare les objets et donne de l'air au tableau : au reste, M. Gros a fait ses preuves, et son nouveau tableau marche de paire avec les autres.

369. M. Girodet a choisi pour exécuter son tableau le moment où

les Français sont attaqués par les rebelles du Caire, et que le général Dupuy, accompagné de plusieurs officiers, ont été tous assassinés. L'indignation des Français est à son comble; la générale est battue, l'armée se range en colonnes mobiles, et marche à pas précipités sur les rebelles : ceux-ci sont mis en déroute, et se retranchent dans la grande mosquée, d'où ils font un feu violent. Tout l'intéret de cette grande composition est rassemblé sur le premier plan, dans un petit nombre de figures. Le groupe du Mameluck, du Maure et de l'Arabe est plein de mouvement, d'énergie et d'expression. On remarque dans ce peintre une connaissance approfondie dans ses dessins, un pinceau aussi savant que ferme, et l'on peut dire que M. Girodet joint à son coloris le don d'une rare imagination.

570. Ce tableau représente l'entrée de S. M. dans Berlin ; il est accompagné du roi de Westphalie et des principaux chefs de son état-major. Ce cortège passe au milieu d'une foule immense de peuple. M. Meynier a jeté beaucoup d'intérêt dans son tableau : on y voit encore le quadrige colossal qui doit un jour orner quelque monument de notre capitale. Ce tableau fourmille d'une quantité de portraits de jolies femmes. Le dessin et le coloris sont d'accord, le cortège est brillant et imposant.

63. M. Berthon vient d'exposer

sous ce numéro un tableau très-agréable. Le lieu de la scène est bien choisi, les personnages bien posés et distribués avec art; sa couleur est brillante; on desirerait que son exécution fut un peu soignée ce qu'il y a de certain, c'est que ce peintre a fait des progrès sensible.

728. M. Serangelis a pris pour sujet de son tableau le moment où les deux empereurs, Napoléon et Alexandre, se séparent après le traité de paix de Tilsitt. On remarque avec plaisir que les personnages qui sont représentés sont bien groupés et sans confusion; on y trouve beaucoup d'expression et de ressemblance dans les têtes; on pourrait cependant lui reprocher un peu de roideur dans les poses.

408. Ce tableau, qui est de M. Renault, nous représente le passage du pont de Landshut. C'est le moment où M. le comte de Labau se met à la tête des grenadiers du dix-septième de ligne. Il commande le passage du pont, auquel l'ennemi venait de mettre le feu : son commandement fut : *ne tirez pas, mais marchez.* La figure du général et des soldats qui l'accompagnent sont bien en mouvement ; les détails sont agréables. La scène du chirurgien qui accourt pour panser un jeune militaire blessé, et que ses camarades ont mis à l'abri du feu de l'ennemi, est très-intéressant et d'un bon dessin.

409. Le même artiste a égale-

ment exposé un tableau représentant Fénélon ramenant à des paysans une vache qu'ils avaient perdu. Remarquez comme la tête de cet illustre prélat respire la bonté, la candeur et la noblesse de son ame. Le groupe éclairé par la lumière qui vient de la porte de la chaumière, ainsi que par la clarté de la lune, est d'un très-bel effet.

426. La veille de la bataille de Wagram, l'armée française avait reçu l'ordre de passer le Danube; il fut exécuté à minuit, pendant un orage terrible. M. Hue, dans ce tableau, nous a bien peint la vérité, car plus les yeux s'y attachent, plus l'on se trouve pénétré du tems qu'il faisait, au point que l'on se trouve

tout transit, comme le paraissent les soldats qui effectuent le passage ordonné. Ce tableau mérite, à juste titre, les éloges que les amateurs lui donnent.

992. Les salons réunissent beaucoup de portraits de S. M. l'Empereur; mais nous croyons que celui-ci, non-seulement est d'un pinceau hardi, mais encore qu'il joint le mérite d'être très-ressemblant.

704. On voit peu de tableaux représentant des bivouacs, aussi à l'effet que celui de M. Roëhn. Au milieu d'une nuit très-noire, on voit S. M. assise sur une chaise, le pied appuyé sur un banc, prendre un moment de repos. Sur le devant de l'Empereur, un assez grand feu jette

une lueur qui éclaire toute la partie de la scène; les ducs de Cadore, de Rovigo et de Bassadore sont debout et admirent avec contentement le héros qui sommeille. Les reflets de lumière qui frappent de bas en haut les figures principales, sont d'un effet surprenant. La figure de l'Empereur se dessine très-bien, et malgré qu'elle se trouve dans l'ombre, tous ses traits sont si distincts, qu'on reconnaît S. M. au premier coup-d'œil. Il faut avouer que cet artiste peut être regardé comme un des premiers peintres de catroptique; joignant la vérité à la théorie de son art.

670. Ce grand tableau, ce grand géant, ces grands rochers, ces

grandes vagues. Le petit Acis, la petite Galathée, qui avaient conçu l'un pour l'autre un violent amour, inspirent au cyclope Polyphême une horrible jalousie, car ce monstre n'avait pu s'empêcher d'aimer la belle Galathée. Ce grand jaloux les voit de loin s'embrassant étroitement; sa colère s'allume, il court après eux, saisit une portion de rocher qui était détachée de la masse, lance ce bloc et écrase le petit Acis; et la malheureuse Galathée n'échappe à la mort qu'en se précipitant dans la grande mer. Malgré que tout soit grand dans ce grand tableau, on est tenté de croire qu'à mesure égale, tout est petit dans son exécution.

128. M. Brocas vient de trans-

mettre à la postérité un trait de bienfaisance et d'humanité de S. A. le prince de Neuchâtel. Il est à desirer que tous les grands artistes ne laissent jamais échapper à leur pinceau de pareils traits, parce qu'en les voyant retracés, l'homme serait toujours averti d'en saisir les occasions. Il serait également à desirer que les crimes et les mauvaises actions ne soient jamais retracés aux yeux de l'homme, alors on pourrait croire par la suite qu'il n'y en a pas à commettre. Mais revenons à ce joli tableau. Le prince de Neuchâtel, accompagné d'un de ses aides-de-camp, allaient au quartier-général de l'Empereur, qui se trouvait près de Vienne, en Autriche; ils apperçoivent une mère et sa fille qui étaient transies de froid, qu'à leurs pas chancelans le prince vit bien qu'elles allaient succomber. Le premier mouvement du prince de Neuchâtel fut de mettre le pied à terre; il détache son manteau, en couvre la mère, et la place sur son cheval. Son aide-de-camp, à l'exemple du prince, donne aussi des secours à la fille, et les conduisent au village où elles portaient des provisions. L'exécution de ce tableau est d'un beau coloris, le dessin est correct, la scène touchante, parle au cœur et remue l'ame du spectateur.

522. La première question qui se présente à l'observateur, c'est de savoir quel âge avait Adam au mo-

ment où Caïn tua son frère Abel, et lorsqu'on s'est rendu compte, l'on pense que le premier père ne pouvait pas avoir une barbe aussi grande, aussi forte que celle qu'il porte ; mais passons là-dessus. Une autre question qui se présente encore à l'idée, est de savoir pourquoi les peintres nous représentent toujours Adam et Eve, dans leur nudité, avec un nombril, car puisqu'ils ont été créés, et non engendrés, ils n'ont pas eu besoin qu'on leur fasse l'opération du cordon ombilical que la nature a donné à tous les êtres procréés ; au reste, tout cela n'y fait rien, et le tableau n'en a pas moins de mérite : le dessin est correct, et le coloris d'un bel effet.

564. M. Merjaund nous a donné une scène de ménage ; on y voit avec intérêt une jeune épouse occupée à tracer sur la toile le portrait de son époux chéri ; ils sont chez eux, dans leur ménage, éloignés du faste des grandeurs, de toute cette pompe de cour, ils jouissent du bonheur d'être unis ; non contente de posséder son bien-aimé, elle veut encore le tracer sur la toile par son brillant pinceau. Remarquez cet époux, comme il se prête au crayon de son amie ; il admire autant sa bien-aimée qu'elle le considère, pour en tracer les traits sur la toile. Peut elle ne pas y réussir, puisque ces traits sont déjà gravés dans son coeur.

195. M. de Boisfremont nous retrace dans ce tableau un des traits de bienfaisance qui caractérise sans cesse les actions de l'Empereur des français. Tout le monde sait que le prince de Hatzfeld était chargé du gouvernement civil de Berlin ; ce prince s'était singulièrement compromis en faisant passer des lettres au prince de Hohenlohe, par lesquelles il l'instruisait des mouvemens que les français faisaient ; sa correspondance fut interceptée et en conséquence il fut arrêté ; il devait être jugé par une commission militaire ; son épouse prit la résolution de venir se jetter aux pieds de S. M. et protesta que son mari était innocent. L'Empereur après l'avoir écouté tranquillement, lui dit, *vous*

connaissez, madame, l'écriture de votre mari; je vais vous faire juge, et il lui remit la lettre qui avait été interceptée. Cette princesse était enceinte de huit mois, à chaque mot de la lettre qu'elle lisait, elle s'évanouissait; elle fut convaincu de la culpabilité de son mari. S. M. fut touché de son état, eh bien! lui dit-il, *vous tenez cette lettre, jetez-là au feu, cette pièce une fois anéantie, je ne pourrai plus faire condamner votre mari*. Le peintre a traité ce sujet avec une louable simplicité! Son pinceau est gras et moëleux; la pose de l'Empereur est noble sans affectation, elle exprime bien le sentiment de générosité et de courtoisie qui dicte à ce grand héros l'ingénieux pardon du prince coupable. On prétend que le dessin de M. de Boisfremont n'a pas toute la fermeté désirable ; quant à moi, je le regarde comme un grand coloriste.

203. M. Georges, dans les différens tableaux qu'il vient d'exposer, on remarque le portrait de M. Dumaniant, auteur de Ruse contre ruse, et de la Nuit aux aventures ; ce portrait est d'une parfaite ressemblance, et bien dessiné.

612. Léda, par M. Paillot. La figure de Léda est non-seulement jolie, mais elle est de plus bien dessinée et très-bien coloriée.

550. Je crois qu'il faut le pinceau d'une femme pour peindre une aussi

jolie baigneuse ; comme elle est belle, comme son regard est spirituel, son attitude est aussi naturelle que gracieuse : oui mademoiselle Mauduit, votre coloris vous fait honneur.

896. Andromaque et Pyrrhus. Ce que la poésie ne peut exposer que successivement, le peintre doit l'exprimer par une action simultanée. M. Guérin a senti la vérité de ce précepte, aussi s'est-il écarté des traces de Racine dans son Andromaque, comme il l'a fait dans sa Phèdre ; de toutes les belles situations de la tragédie, le peintre en a créé une seule, dans laquelle il a rassemblé tous les personnages, et a concentré tout l'intérêt. La phy-

sionomie de Pyrrhus a toute la noblesse, l'énergie et même l'emportement qui caractérisent le fils d'Achille; son attitude est imposante, son action vive, pleine d'assurance et de fierté; la tendre sollicitude de la veuve d'Hector pour son fils, qu'elle entoure de ses bras comme pour le dérober au péril qui le menace, sa douleur, ses yeux chargés de larmes, qui s'élèvent vers le roi d'Epire et sollicitent sa généreuse compassion; la simplicité de ses vêtemens, le long voile de suppliante, les autels qu'elle a parés de bandelettes, tout doit intéresser Pyrrhus; l'ensemble de cette scène est imposant, l'harmonie est parfaite entre toutes ses parties; l'intérêt y circule, pour ainsi dire, et l'expression des têtes est admirable ; le dessin des figures nous paraît élégant ; quoique fortement caractérisé, on ne pourrait y relever que de très-légères incorrections : le pinceau est moëlleux et d'une vérité remarquable dans les draperies ; la couleur est franche et lumineuse ; il y a de la transparence dans les reflets, et on ne desirerait qu'un peu plus de solidité dans les ombres. La figure d'Hermione est trop vigoureuse de ton pour son plan ; peut-être l'ajustement des draperies, quoique de bon goût, offre-t-il une trop grande multiplicité de plis et de détails ; celle d'Andromaque ne se détache pas assez, ce qu'on doit attribuer à l'analogie de la couleur blanche des draperies avec celle du fond, et qui en effet es trop clair; mais quelques glacis di tribués avec adresse suffisent po satisfaire les regards les plus diffi ciles.

M. Guérin, dont les composition sages, mais fortement pensées, ou eu un succès si mérité, est appelé nous retracer le genre historique dans toute sa pureté; quoique pro-fondément ému, la grâce et l'élé-gance n'abandonnent jamais ses pin-ceaux : en un mot, ce tableau, su-périeur à tous ceux exécutés précé-demment par le même artiste, doit faire époque dans l'histoire de l'art, et honneur à l'école française.

496. Ce tableau représente un scène du naufrage, sujet tiré d'Os

sian, Cathula accompagné de son épouse et de son enfant nouveau né, à peine embarqués, ils sont assaillis par une tempête. Cette scène est intéressante, le groupe est composé d'une manière neuve, on y remarque beaucoup d'expression dans la tête de la femme, qui pourrait être d'un plus beau caractère; elle est d'ailleurs trop petite et mal attachée aux épaules. La pose de Cathula, est gênée, et son bras est un peu long, néanmoins cette figure n'est pas mal dessinée; le costume scandinave pourrait être mieux caractérisé; la couleur est convenable au sujet, la lumière bien liée, et la sécurité de cet enfant endormi dans le bouclier, à côté de l'épée de son père, qui sans doute doit servir à le faire reconnaître, prolonge en quelque sorte l'intérêt de cette scène au de-là du moment présent. Le choix du sujet indique dans son auteur de la sensibilité, de la réflexion et de l'aptitude à saisir l'ensemble d'une composition, tant pour le balancement des lignes, que pour la gradation de l'intérêt et la marche de l'effet.

64. Angélique et Médor, par M. Berthon. Le peintre a saisi le moment où Angélique, après avoir secouru Médor blessé, le fait transporter chez le berger, et aide elle-même à le descendre de cheval. Ce sujet est bien trouvé ; il a offert au peintre le moyen de varier le caractère de ses figures, qui, toutes,

prennent une part active à l'action. Le costume d'Angélique est pittoresque et a de l'élégance, mais son ajustement ressemble trop à celui des paysannes modernes d'Italie et pas assez à celui du huitième siècle; cependant il y a de l'adresse à avoir laissé à la reine du Cathay quelques restes de sa magnificence, tels que des perles dans sa coëffure, et des brodequins très-riches et brodés à l'orientale. Cette figure a de la souplesse, de la grace, mais sa physionomie n'exprime point assez l'inquiétude d'une amante : il y a de l'abandon dans la jolie figure de Médor; le dessin en est coulant, mais un peu mou; les chairs pourraient être d'une couleur plus vraie; le paysan est d'un beau caractère et point largement ; l'enfant qui s'élève sur la pointe des pieds pour examiner cette scène, a une expression de curiosité naïve bien rendue. Au total, ce tableau est composé avec esprit, rendu avec finesse, et doit faire honneur à l'artiste.

477. M. Lebel, élève de M. David, a retracé dans son tableau, le moment où S. M., après avoir franchi le mont Saint-Bernard, à la tête de l'armée française, le 28 floréal an 8, y fut reçu à l'hospice, où des religieux, respectables à tous égards, supplient S. M. de vouloir bien leur accorder sa protection pour la conservation de leur maison ; l'Empereur leur promet. Ce tableau mérite des éloges particuliers : l'œil se pro-

mène avec plaisir dans tous les sentiers tortueux qui conduisent au sommet de la montagne ; on y trouve du dessin, du coloris, et un pinceau hardi.

FIN

www.ingramcontent.com/pod-product-compliance
Ingram Content Group UK Ltd.
Pitfield, Milton Keynes, MK11 3LW, UK
UKHW020423220726
13923UKWH00005B/2118

9 782019 316594